JN436607

가족사진

작은딸가족

손자 손녀

학 두마리

닭 두마리

청포도

목련

화원·1

난·1

화원·2

가을풍경

감

소나무

난·2

모란

그림 따라 시(詩) 따라

김 경 호 시집

열린시학 시인선 65

그림 따라 시詩 따라

초판 1쇄 인쇄일 · 2010년 11월 9일
초판 1쇄 발행일 · 2010년 11월 20일

지은이 | 김경호
펴낸이 | 노정자 · 정일근
펴낸곳 | 도서출판 고요아침
책임편집 | 송지훈

출판등록 2002년 8월 1일 제 1-3094호
120-814 서울시 서대문구 북가좌동 328-2 동화빌라 102호
전 화 | 02-302-3194~5
팩 스 | 02-302-3198
E-mail | goyoachim@hanmail.net
홈페이지 | www.dabook.net

*책 가격은 뒤표지에 표시되어 있습니다.

ISBN 978-89-6039-353-0 (04810)

열린시학 시인선 65

그림 따라 시詩 따라

김경호 시집

고요아침

▪시인의 말

세상엔 수 많은 길이 있다.

목적이 있는 길이 있는가 하면, 끝이 보이지 않는 길도 무수히 많다. 많은 언어와 그림이, 컴퓨터나 전화기 속을 또 팩스가 세계 곳곳으로 날아 다니지만, 서로 부딪치지도 않는다. 무형의 길을 잘도 찾아서 간다.

나도 이 길을 나서 본다. 보이지않는 시(詩)의 길을 찾기 위해, 숲으로 들어가 바람이 되고, 바다를 따라가 고기도 되어 본다. 점점 더 깊이 파고 들어가, 주옥 같은 시어들을 찾아야 하기 때문이다.

이 보석들을 하늘의 나무에 매달아, 별빛처럼 반짝이게 한다 해도, 이승과 저승의 연락은 불가능하다. 이것이 한 치 앞을 모르는 채, 살아있는 우리 모두의 길이며, 무형의 길을 가고 있는 시인의 길이자, 시의 길이기도 하다.

삶을 더 즐겁고 아름답게 하기 위해 노래를 부르며, 그림을 그리고 시를 쓰기도 한다.

이제야 생의 첫 시집을 세상에 내 놓는 나약함이여, 조용히 고개 숙인다.

2010년 여름
시카고에서 김경호

■차례

제2부 승교(乘轎) 타고 오는 봄

제3부 바람이 나를 불러

제4부 바람과 단풍 사이

제5부 무형(無形)의 길

제1부

견고한 집

시카고의 봄날

대기의 입김은
미시간 호수의 숨결을 타고
시카고로 밀려드네

출렁이는 리듬에 춤추는 마음
저 질주하는 연인들의 요트는
수중으로 수궁으로
물보라빛 희망을 싣고

부드러운 곡예로
창공을 나르는 비둘기들도
장밋빛 계절을 노래 부르네

하늘을 향해 기지개 켜는
연초록 빛 나무들
맑은 공기 마시는 일파 속의
힘찬 근육들

오 오!
여기 약동하는 봄날의
환희가 있네

애동호박*

애동호박을 따본 사람은 알리라
꼭지마다 맑은
눈물방울이 맺혀있는 것을
생명 있는 모든 것은
죽음을 알고 슬퍼한다면서
엄마는 항상 애처로워 하셨지

어린 시절 십리길 학교 갔다
잔뜩 처진 어깨로 들어서면
집 뒤 둔덕의 어린 호박 얼른 따다
참기름 살짝 두르고 대글대글 볶아 주셨다
따뜻한 흰밥에 쓱쓱 비벼먹고 나면
온 세상 다 얻은 듯 생기가 돌았지

끼니조차 때울 수 없었던 그 시절
길 가던 나그네 허리춤 쥐고 들어서면
대청마루에서 점심상 챙겨주셨다
넓은 마당 진종일 종종 걸음 치던 엄마

삼베적삼 그 찝찔한 땀 냄새마저도
까마득한 그리움으로 남아있다
애동호박의 눈물이듯 끈적한 정
오늘도 내 가슴을 적시네

*애동호박 : 애호박의 경상도 사투리

징검다리

마음의 산자락엔
가을 하늘 빛
맑은 물 졸졸
그 소리 정겹다

색 바랜 나뭇잎
추억을 싣고
물가를 맴돌다
떠나기 싫어서

마음과 마음을 부벼
허공에 날리는
갈대들의 이야기
노을 빛 곱게 지는
산등성 내 고향

저녁연기 속
어머니의 환한 얼굴

세상 사 걸음씩
조심조심 이어준
사랑의 징검다리

그림 그리는 자

그림은 한 떨기 마음의 꽃
풍요로운 정신의 율동
하늘의 정기를 지상에 그리는
미묘함이 손 끝에 닿았네

한없는 상상의 공간 속에
그대만이 만들 수 있는 색깔들
그 조화는 우리 삶의 결

깊고 화려한 예지를
한 폭의 구도 속에 담으면
구름이 흘러가고
바람도 지나가고
인생도 머물다 가네

어항 속의 금붕어

고향이 바다가 아니라지?
맑은 공기 깊은 물도 개의치 않고
갇혀서 유영하는 너희들의
사심 없는 동심을 본다

큰물에 뛰놀면
누가 눈길 주랴 만
바라보는 내 마음도
사랑으로 찰랑인다

많은 친구 없어도
뜻 맞는 벗 하나면 족하지
꿈에 젖어 정에 젖어
귀엽게 귀엽게 놀려무나

어머니

별들도 감기로 숨어버린
차가운 겨울 밤
내 마음 한가운데
밝게 떠오르는 당신 모습
그립습니다

때 늦은 밥주발 이불로 덮어두고
등잔불 아래 밤새워 새 옷 지어 주셨지요.
쓰라린 눈빛으로 허리끈 졸라매
밤낮 자식위해 빌고 빌던
뜨거운 그 정성, 몇 줄의 글로
어찌 다 적어 올리리까

당신 계신 묘원 찾아뵙지 못하고
먼 이국 하늘 아래서 눈시울만 적십니다
요즘 꿈에 자주 나타내 보임은
무슨 연고이십니까?
저의 어릴 적 병약함을 걱정하고

계신 것입니까?

아직도 이승에 계신 건 아니시겠지요
이제 모든 것 다 잊으시고
어서 돌아가서 편히 쉬세요
그래야 저도 달게 잠들 수 있습니다.
차마 눈물로도 부를 수 없는
그 이름, 어머니

견고한 집

평생 다져놓은 마음의 터전 위에
견고한 집을 짓는다
반듯한 돌과 희망의 재료들로
쌓아 올리고 또 쌓아 올린다
간혹 세상 비바람 불어 닥치면
쓰러지고 무너지기도 한다
그래도 계속 좋은 시의 집을 짓는다
영혼이 있다는 건 살아 있다는 것
기쁨과 슬픔이 없다면 죽은 목숨일 뿐
때때로 흐르는 눈물은 마음의 씨앗
그 속에서 피는 꽃은 생의 알맹이
잘 다져 지은 집 빛나게 색칠한다
사람 냄새 피우고 생수가 솟는
내안의 든든한 영혼의 집

당신 그리워

알고 싶어요
가을 하늘이 물감을 풀어 채색한
저 잎들은 누구의 아름다운 모습인지

알고 싶어요
홀로 피어 있는 향기로운 백국白菊
저 꽃은 누구의 그리운 웃음인지

알고 싶어요
사랑의 눈길 머무는 숲속
그 품안은 누가 잠들고 싶은 가슴인지

알고 싶어요
왜 그 꿈속에서 걷고 싶은지
저 고운 잎으로 지고 싶은지

치사랑 안부

나의 해는 서산에 기우는데
오색 봄꽃들 보니
너희들 얼굴 보는 것만 같다
곱게 핀 꽃잎들은 따스한 심성
시리도록 파란 별들은
맑고 초롱한 눈망울

엄마! 오늘은 어때? 아프지 않는 거지?
아빠는…? 집에는 별일 없어?
샘물 같은 혈연 카랑카랑한 언어들
내리사랑 아직 줄 것 많은데
지병으로 무거운 마음만 건네주네
말 다르고 길 서툰 이민의 지난날들

아직도 눈에 선한데
어느덧 치사랑 안부에 가슴 아린다
나의 해는 서산에 기우는네

장미 꽃다발

어머니 날 받은 열두 송이 꽃들
푸른 잎들 사이로 웃는 얼굴
싱그러운 자태로
딸의 향기 내 뿜는다

그새 못 다한 다정한 이야기들
눈빛으로 주고받고
그 고운사랑
내 가슴에 품어본다

우리 가시 없는 혈연으로
한 세상 살자
우리 진홍빛 장미처럼
한 세상 살아보자

아이들에게

아들들아,
사랑의 씨앗들
귀한 혈연 되어
푸른 하늘 마음껏 나르는
두 마리 독수리 기상
광휘光輝찬 새 생활의
투사가 되라

딸들아,
사랑의 결정체
청순한 아름다움이여
비너스 상像으로
코랄처럼 영묘英妙한
지상의 두 별 되어
길이 반짝여라

손녀 제인에게

찻잔에 새겨진
손녀의 첫 돌 사진
날 알아보는 듯 웃고있다

식구들의 넘치는 사랑에
세상 때 묻지않은 너는
웃음 덩어리 그 자체다

그래 자꾸 웃어라.
웃어야 복이 온단다
이 세상은 모두 네가 즐길 몫이야

입술에 달린 수정 물방울
여리고 맑은 두 눈동자엔
선함과 슬기가 비친다

건강하고 명랑하게 자라
미물까지도 사랑해 주는
어진 마음 가져다오

병상 곁에서

평소에 건강하던 남편
어느날 갑자기
왼쪽 팔다리에 힘을 잃어
병원 응급실로 실려갔다

오늘은 입원한지 3주째
매일 바깥출입하던 그가
침대에 갇혀 있다.

곱게 물든 창밖의 나뭇잎들
손 흔들어 위로해도
마음에 닿지 않는 인사말 되어
눈 여겨 봐 주지도 못한다

힘든 물리치료는
잠깐의 생기만 줄 뿐
진전은 까마득하다

워커를 잡고 오른 발에 힘을 줘
겨우 끌려가는 왼발
가다가 쉬고 가다가 멈춘다

"힘을 내세요 힘을
예, 예, 아주 잘 하십니다"
가다가 쉬고 가다가 멈추며
겨우 끌려가는 왼발처럼
답답한 하루 하루

고통, 그 아름다움

집 가까이 오솔길 따라
나무들이 우거진 아담한 공원에
작은 연못과 인공 폭포가 있다

시집 한 권 끼고 가
온종일 인적 드문 팔각정에서
마음 풀어 놓고 글 그리는
나만의 고즈넉한 곳

콸콸 시원하게 들리던 폭포 소리도
윗물은 내리면서 때리고
아랫물은 멍들고 부서져
흰 눈물을 흘리는 고통의 소리였다

산모의 진통처럼 피할 수 없는
아픔을 잊은 듯
고인 물과 어깨를 맞대어
물 무늬로 놀고 있는 그 아름다움

현기증 도는 삶 속에서 어울리다
결국 한길로 가는 인생길
온 길 되돌아가는 발자국마다
고이는 희한

낯선 비명

우당탕
꿈인가 생시인가 눈을 떠보니
새벽 다섯시 어리벙벙
목욕탕서 헛디딘
아픈 남편의 넘어지는 소리
“아, 여보 내 죽겠다”
부르짖는 그 절규
상처에 소금을 뿌린 듯
가슴을 저미는
애처로운 그 찰라

제2부

승교 타고 오는 봄

초봄의 노래

애교어린 바람은
얼굴을 쓰다듬고
뜨락의 햇살들
눈자위 위에 춤춘다

흙들은 머리를 맞대고
보금자리를 만들어
아름다운 꽃들과
열매를 품을 준비를 하고

아이들의 웃음 소리는
태어날 꽃밭의 찬란한 노래
풀 내음 그윽한 내 마음에
싱그러움을 더해 준다

긴 겨울
나래 접힌 아픈 어깨는
눈부신 광선으로 치료될 초봄의 광휘
치료될 초봄의 광휘

찬란한 봄

먼 하늘 울타리에 꿈을 걸어놓고
연둣빛 나래 타고 왔는가
강으로 호수로 입김 불어
잠자던 고기들 눈 뜨게 하네

만물에 기쁨주고 생기 주는 봄
모든 사랑 한 몸에 안고
수줍음 타 악수는 못해도
눈으로 마음으로 기꺼이 맞이하리

움추린 몸과 마음 활짝 펴고
양지바른 따뜻한 뜨락에 나가
아지랑이 손잡고 춤도 추워 보리

여름, 가을, 겨울의 이름은 '두 글자'
'외 자' 인 봄은 다른 계절의 반이라
더 빨리 꿈 찾아 떠나가겠지

긴 혹한 뒤라 마음 아리고
잠깐 머물다 가려 하니 더 아쉬워지네
아, 그렇게도 기다렸던 찬란한 봄

승교(乘轎) 타고 오는 봄

눈 속살을 피해 깊이 잠자던 너
기지개 켜고 하품하니
그 입김 훈훈한 봄바람 되었네
승교에 치장하여 새봄 가득 싣고
꽃씨 뿌리며 온다는데
어제는 시샘 눈발이 날렸고
내일은 1~2인치가 더 온다는 구나

내 생애 최고라고
한번 뿐인 기회라고
자신 있다고
만반의 준비 다 해놓고 기다렸다가
기후 때문에
운명에 의해
사람으로 인해
낭패 본 적 있는가

생물도 무생물도 목타게 기다리지만

조금 늦으면 어때
지금은 남쪽 어디쯤 오고 있느냐
눈 만나면 허리 펴고 쉬다가
제비 손잡고 같이 오려무나
꽃바람 날리려면 한 달은 걸리겠지
기다리마 그때 까지
건강하게 웃으며 오너라
마중 나갈게

봄의 님프(Nymph)

너의 등을 타고 온 그윽한 바람은
가끔 입춘을 희롱해도
잔양殘陽에 사라지는
따스한 햇살이 아쉬워
짧은 꼬리 붙잡고
살랑살랑 놀고 싶구나

한울의 손잡고 먼 길 찾아온
너 안단테 칸타빌레
스런 치마에 칠보단장하고
춘정 흘러 꽃피우고 나비 불러
봄 잔치 즐기려므나

오는 여정에
벼랑 끝 같은 날 만난 적 있느냐?
초로의 우리는 넘어지면
다시 일어서는 오뚝이 삶으로

슬픔도 고뇌도 보듬어 주니
막막하던 어둠은 스쳐 지나고
이제 인생의 봄 맞아
생의 환희를 누리려 하누나

봄맞이

겨울 향연은 봄의 교향곡을 부르고
언덕의 아지랑이 하늘하늘 춤추네

훈훈한 바람은 귀 뺨을 간지럽히고
산과 들의 풀 내음 코 끝을 스쳐
웅크린 내 마음 새롭게 약동하네

고운 물색의 옷들은 꽃밭의 무늬
혀 끝을 뾰족이 내미는 어린 꽃들과
가지 위의 새들도 봄노래 부르네

봄날 하오

겨울의 뒤안길에 피는
꽃 같은 님

주름진 내 모습
안고 도는 거울 속

한 송이 꽃으로 피어나는
봄날 하오

즐거운 희망의 향연
숲 속의 보금자리 되리

겹장미

유연한 목덜미 요염한 자태
흙먼지 비바람 받아 주면서
나비 벌들이 입술을 훔쳐도
몸에는 손대면 사랑의 일침

여름에도 겹겹이 옷을 걸치고
땀 흘리지 않는 저 꽃들 좀 봐
말라리아에 걸렸나, 콜레라에 취했나
쪽빛 패랭이꽃들의 수런거림

시련과 조롱을 인내로 삭혀낸
화려한 겹장미의 긴 한숨
그윽한 향기를 뿜어낸다

한국화(韓國畵)

하늘 정원 이 땅에 옮겨
꽃 문 활짝 열고 피워 올린
홍예虹霓빛 갑사화단甲紗花壇

묵향 따라 번지는 화사한
한국화韓國畵
밤 별이 보낸 영롱한 이슬 먹고
피고 또 피어나네

꽃송이의 속삭임은
잠자는 아기의 귀여운 숨소리
그대 삶의 짙은 향기 되어
말없이 나부끼네

* 묵미회 합동 전시회 때 한국화 그림과 함께 출품한 시(詩)

빚진 자·1

태초에 우리에게 영육 주신 이
햇빛과 공기와 물을 주신
향기로운 이 땅의 주인

모든 가진 것의 소중함
충혈된 눈빛으로 심혈 기울여
일구어 놓은 우리의 삶

당신의 사랑과 깊은 은혜의 빚은
너무 많고 높아 헤아릴 수도
갚을 수도 없어 다만 울부짖나이다

밀알 한 알 싹 틔우는 그날까지

빗진 자·2

원초에 빗진 이브의 몸부림인가
징그러운 뱀의 혓바닥
그 죄 값을 지고 간다
영혼을 일깨워준 파아란 대지는
더 푸르게 정열을 불태우고
빗진 자들이 뿌린 씨앗만큼
영혼을 일깨우는 열매를 거둔다 .

비·1

비 오는 날은
내 마음의 창문을 여는 날

실비 타고 오시는
님의 모습

젖은 몸은 너무도 가벼워
하늘을 날 듯 기뻐했고

즐겁게 속삭이던 이야기들
꿈이 되어 피어 오르네

손잡고 거닐던 추억의 자락
이제 그 속에서 잠들고 싶어라

비여
단비여!

당신이 오는 날은
내 마음의 창문을 활짝 여는 날

비 · 2

내 마음 속 눈물이
하늘에서 흘러내린다.
빗소리에 살며시
그리움이 스며든다

비 온 뒤 맑은 하늘
햇살의 기쁨 되고
창가의 미소 된다

. . . .
보 남 파 초 노 주 빨
그 찬란한 무지개 빛
처녀 적 아롱진 꿈
환히 일깨워준다

세우(細雨)

비가 온다 가는 비가
보이지 않는 눈물 되어
옷이 젖지 않는다면
오는 지도 모르게

오는 비는 소리 없이
창문에 흘러내리는
가는 물줄기가 없다면
오는 지도 모르게

매끄러운 그 빗물처럼
약삭빠른 인간사
온종일 내 마음에
쓴 비 되어 내린다

그래도 심지 깊은
무공해 사람들로 인해
세상은 여전히
아름답게 돌아가고 있다

골프 사랑

유혹한다
화사한 꽃들은 웃음을 피우고
푸르른 골프장으로
구름 없이 맑은 날
초원의 요녀는
숨 쉬는 황혼의 별인가

환상의 꿈을 깨우는
나의 맥박이여

그 속에 하늘의 나래를 펴고
흰 공 날리는 골퍼들의 함성
'굳 샷'

오수를 즐기던 연못가 오리들도
화들짝 놀라 퍼드덕 퍼드덕
꽥-액, 꽥 응원도 보내주네

나이를 잊은 젊은 순간
봄의 내음 마음껏 마시며
서로의 추억 엮어 갈 때

골프를 사랑하는 마음
여기 있도다
이 속에

마법사 구름

둥실둥실 두둥실 한가로이
너의 거처는 하늘인가 땅인가
해 달처럼 한곳에 머물지 않으며
수 천 개의 날개를 가진 듯
우주 공간에 자리 잡아
훨훨 잘 날아 다니는구나

푸른 하늘 바다 삼아
돛단배로 희고 부드러운 얼굴
때론 그 넓은 궁전에 잠겨 있다
스스로 성나 먹물 바른 검은 얼굴이
신선한 맑은 비로 변하는구나

이 세상 골고루 뿌려
생명 있는 모든 것 다스려 주고
곳곳에 다니며 안부 선하다
바다로 가 가족도 만나고
이웃인 고기들과 놀이도 하누나

마음이 심심하여 나들이 가고 싶으면
하품하여 하늘로 증발, 땅에는 물로
세상을 자유로이 오르내리며
뜬 구름으로 사는 마법사
그 생활에 발목 묶인 세인들의 삶이
너무 무겁구나

어제와 오늘이 다르듯이

흔히들 말한다
나무나 꽃들은 다시 살아나는데
사람은 한번 가면
영원히 오지 못한다고

듣고 있던 꽃과 식물이 이구동성으로
"천만의 말씀"하고 소리친다
우리들 목숨도 한번 뿐 이예요
다음 해엔 사촌과 조카들이 생겨나지요

죽은 줄기나 잎이 같은 자리에서
같은 길이로 돋아 나던가요
또 꽃들을 피우던가요

새로 태어난 아기를 보세요.
사람의 형상만 닮았을 뿐
떠나간 어느 누구와도
같은 사람일 수 없듯이,

식물도 종자 따라 모양은 같지만
어제와 오늘이 다르듯이
한번 지나간 것은 해 아래 다시없고
둥치나무나 뿌리는 살아있는 조상일 뿐이에요.

제3부
바람이 나를 불러

꿈 속의 밤 별로

하늘 손 붙잡고 높이 솟은 산
그 아래
자비를 부르는 아담한 사찰 하나
풍경소리 조차 들리지 않는다
활짝 핀 도화는 구름을 나르는데
쫓기는 신세인가 둥근 바위 위에 앉아
깊은 계곡 바라보며 수심에 잠긴 남자
흐느끼는 사람 달래며
훗날 기약하고 떠나온 수년
새순 돋고, 찬바람 일렁일 때마다
그 얼굴, 눈물 속에 어른거렸겠지
보고픈 심정 애절한 마음에
한쪽 가슴뼈가 텅 빈 듯도 했겠지
지금은 서로 만날 수 없어도
기다림이 있다는 건
아픈 그가 살아야 할 이유
잠들면 밤별로 꿈 속에서라도
만나 보기를…

숲속의 향연

새들이 노래를 부른다
나뭇가지에 앉아
발가락으로 건반을 타며
양 날개로 지휘를 한다
푸른 잎들은
바람의 손을 잡아
박수를 보내고
나는 제창을 외친다
울려 퍼지는 연주 곡은
천상의 가락
당신이 숨겨둔 음표로 엮은
아름다운 삶의 오케스트라

바람이 나를 불러

청명한 날
시원한 바람이 나를 불러
뒤뜰에 나가 보니
싱싱한 나무들은 제철을 만나
한창 신나게 일렁인다
나는 팔각정 안에 앉아
재미있게 시집을 읽고 있다

저쪽 나무 위의 새가
짝을 부르는지 끼리릭 삐~,
이쪽 새들은 날 따라
시를 읽는지 재글재글 그린다
마음이 가볍고 기쁜 이런 날
바람아 새들아 푸른 하늘을 나르며
봄의 축제를 여기 저기 알려다오

은은한 라일락 향기가
코를 쓰다듬는 오후에

새 한 마리

나뭇가지에 앉은
세월 짙은 새 한 마리
무엇을 생각 하는지
고개만 갸우뚱 갸우뚱

날개 휘도록 품어 주던
새끼들은 멀리 날아가 버리고
짝도 잃었는지 외로운 심상

너와 나 생김새는 달라도
같은 하늘 아래 사는 우리
짧은 삶 귀한 인연
별을 따는 마음으로 살자

누구나 쓸쓸하고 적적한 때 있고
눈물겹도록 기쁜 때도 있나니
내일의 밝은 날 위해
슬픔을 털고 새 삶 찾으렴

녹색 지대를 지나며

물결치는 고목나무로
둘러쌓인 이웃 마을 길
아치형의 산장 속
녹색 지대로 들어서면
잎 사이사이 태광은
보일 듯 말 듯

양쪽 길가에 뻗은 나무들은
서로의 손을 펴
지난밤을 악수하고
머리 깎은 잔디의
풋풋하고 상큼한 냄새
들숨 따라 폐포에
유산소 꽈리가 열린다

이 길을 지나며
얼마나 많은 사람들이
맑은 공기와 그늘을

감사했을까

진 초록의 저 나무들도
때가 되면 잎을 떨구고
허전한 마음
맨 몸으로 이겨 내겠지

다음 해 여름 성숙할
자식들을 기대하면서
고목나무는 잎들의 가족사를
이야기 해 주겠지

스프링클러

안개 빛 뿌리는 스프링클러
타이머에 맞춰 돌아가며
격일에 하늘 생수로 숨쉬게 하여
싱싱하게 자라게 하는 너는
어김없는 엄마의 마음이다

여름 잔디,
목말라 고개 떨구면
그 책임 누가지나
잘 가꿔진 푸른 시야에
내 마음도 살아난다

폐부로 스며드는 맑은 공기
싱그러운 숨소리로
나풀거리는 잔디들
그 물방울 속에
별들의 눈물이 보인다

수박

푸른 띠를 두른
네 바닷물은
허기진 마음을
적셔주는 생수

불꽃을 정열로 익혀
까만 씨앗은
희망을 노래하는
나의 알맹이

연한 속살로 배불린
둥근 꿈은
가슴에 흐르는
젊음의 활력소

수국

집 앞뜰에
몽실몽실 하얀 수국들
시원하게 쑥쑥 자라났네
활짝 핀 쌀 튀밥의 꽃잎들
하늘 사랑 부여안고
둥글게 둥글게 모여 사네

농가의 넉넉한 인심을
고봉으로 담은 흰밥공기 마냥
보기 좋게 수북수북 쌓여있네
탐스러운 수국 무리들
찰랑찰랑
풍년의 속살로 어른거리네

보름달을 보며*

중천에 높이 뜬 환한 달 속에
슬기로운 한국이 들어 있네
앞 뒷발 쭉 뻗고 누운
복스러운 흰 토끼의
두 눈은 불꽃을 뿜어
세계의 스포츠 앞서 끌고 가네

자랑스런 홍안의 그대들
나라를 지키며 어려운 삶 이겨낸
선조들의 지혜를 가슴에 지니고
메나니 두 손 쥐고
분기탱천憤氣撑天했던 투혼으로
뛰어라 날아라 저 하늘 더 높이
이 세상 만방 끝까지
꿈을 이룰 때까지

* 월드컵 축구를 보고

여름 독감

여름 감기는 개도 안 걸린다는데
바람기 많은 너와 된통 만났다
형체도 없이 매달리는 너는
약발도 안 먹히고,
거머리처럼 달라붙어
소금에 절이듯 달포나
돌돌 말아 눕히네

창 박의 여린 풀도 바람 갖고 노는데
너 하나 이기지 못하는 나는
풀잎보다 나은 것이 무엇이랴
너의 애첩인 살랑이가 찾아온 날이면
기침이 독을 피워
잠자리를 어지럽히면
잿빛 아침마저도 실실 나를 비웃네

너는 사랑의 바이러스를 전한다지만
내 목에 걸리는 밥

콧물 눈물 흘리며
얼큰한 육개장에 말아먹고
벌떡 일어나서 내 쫓고야 말거야
이 웬수야!

수난

옛날 집 마당은 비가 오면
지렁이를 입 밖으로 토해 냈다
알몸으로 기어 다니면서
무늬를 그리며 잘도 놀았지

고층 건물에 몸이 찢기고
길은 콘크리트에 덮혀
제대로 숨을 쉬지 못하는 오늘

흙을 밟지 못하는 아이들도
홍역을 하듯
아토피에 시달린다

이브의 화신인 뱀처럼
기어 다니는 그 움직임을
다시는 볼 수도 없네

급속도로 발전하는 문명 속

숨 막히는 내 삶의 안과 밖도
너처럼 맥없이 찢겨져 버렸네

구름

하늘의 흰 꽃은
인생의 백화

살포시 흐르는
솜털 같은 엄마 가슴

물 위에 뜨는
청춘의 싱그러움

그 넋을 모두
지상에 펴소서

소낙비

검은 구름 소낙비는
여름의 얼굴
번개 치는 불빛에
화단의 어린 장미 놀라 울라
마음 애처로워 노랑 물 들고

번쩍이는 그 빛
내 눈을 스쳐
새 세상을 보게 하네

풀벌레 노래하는 평온한 숲 속
작은 풀잎들 웃음짓고
홍예虹霓 꽃무늬 피어올라
내린 비 신선함 보여 주네

이 시간 흘러가
먹구름 들이 닥친다 해도
굳건하게 견뎌낼
새 의지 심어주네

홀로 길을 걸으며

어느 날 오후
산책길에서
수많은 사람들 사이로
걷고 있다

모두가 스쳐 갈 뿐
눈 마주칠 이 없는
그 가운데서
쓸쓸함과 즐거움이
얽힌다

좋은 날은 기억도 없이
파랑새처럼 날아가 버리고
인연 바뀐 얼굴들
힘겨운 삶보다 더 무겁게
나를 내려 놓았지

이국의 외로움을

온 몸에 걸치고
홀로 걷는 이 시간이
차라리 좋아라

사우(思友)

눈물은 하늘에서 내리는 비가 된다
내린 눈물은 이 세상 온갖 꽃 피워
환상의 나래를 펴고 나른다

파란 하늘은 생기가 돌고
햇살은 희망과 기쁨을 실어온다
웃음 짓는 소녀의 미쁜 자태여

비오는 날을 기다리는 동안
정겨운 사연들 눈앞에 아른거리고
어릴 적 친구 감흥시 하나

제4부

바람과 단풍 사이

낙엽의 눈물

나도 한때 남부럽지 않은
푸른 하늘을 향한 꿈도 있었지
시원한 그늘에 사람들이 쉬다 가면
새 떼들 깃들어 노래 부르고
고요한 밤에는 달 별과 이야기 나누며
목화꽃 구름과도 놀이하면은
푸른 바람이 나를 안고 춤도 추었지
내 앞에는 항상
싱싱한 푸르름과 화려한 봄 같이
좋은 일만 있는 줄 알았어
아~, 그런데 그게 아니었어!
삭풍이 불기 전에 엄마를 살리기 위해
그 품을 떠나야 하는 숙명
목젖 올려 울다 남몰래 슬픔을 삭이며
떠날 때는 예쁜 추억을 단풍으로
수의를 입듯 고운 색으로 몸난상하고
별빛처럼 반짝 반짝 대롱대롱
돌아눕다 떨어져 이리저리 뒹굴다 밟혀

흙이 되고 거름이 되 영영 이별
눈물 한 방울 흘리는 순간
찾아오는 우리들의 결별
한숨도 신음도 생명 있음에 아름다워라

이역의 코스모스

노을 빛 받아
활짝 웃고 있는 너를 보는 순간
이국 땅에서 반가워 선뜻 다가가니
그 속에 정다운 고향이 비치네

미풍 따라 하늘하늘 허리 춤추며
애잔하게 피어나던 순정의 꽃
잘다란 잎 수다스럽지 않는 너는
내 마음 흔들고 간 가을 친구

너도 이곳까지 멀리 와
밤마다 뒤척이며 외로움 토할 테지
세상은 온통 사랑으로 물드는데
나비와 접문하는 꿈도 잊은 채
홀로 의젓한 그 모습
더욱 사랑스럽구나 청초한 코스모스

바람과 단풍 사이

스쳐가는 바람 한 점
가버린 젊음의
노후를 알린다
한 잎 한 잎의
붉은 혀가
온 세상을 덮었네

우주의 신비를
가슴에 두르고
불타는 단풍은
노을의 호흡인가

아,아
바람과 단풍 사이
이 불 천지의 혼을
시카고의 겨울로
인도하라

감사절에

힘들었던 일 눈물로 씻어내고
부족함 없는 지금
삼백육십오 일 가끔 보는 식구들
무탈하고 행복했으니
하늘로 솟는 감사한 마음

테이블에 둘러 앉은
아들 딸 내외 손자·녀들
십팔 명의 대가족 복된 사랑
구수한 칠면조 없어도
푸짐한 잔칫상

보물처럼 갖고 온 이야기들로
환한 웃음 꽃 피우고
손자·녀들도 저희들 끼리 재잘재잘
기쁜 마음 즐거운 얼굴들
오늘 같은 날 일년 내내 이어졌으면

청포도 한 알

푸른 하늘의

사랑을 부여안고

영근 유두 한 알

메마른 입에 물고

살며시 눈을 감으면

혀 끝에 스며드는

달짝지근한 그 맛

내가 먹고 자란

엄마의 젖

가방 속의 꿈

이민자들이 쥔
각자의 가방 속에
자식들의 꿈을 실었다
풍요한 미지의
위대한 포부를 안고
여기 왔다

제 2의 고향 시카고서
밤낮 안 가리고 기틀 잡아
강산이 세 번 변하고서야
겨우 찾은 안정

새 포기가 뿌리 내려
잘 자라도록 보살펴 주었지만
아직도 갈 길이 멀구나
우리 뜻 이룰 날이
머잖아 곧 오겠지

사랑하는 아들 딸들아
명석한 두뇌로 앞날을 헤쳐나가
이민 가방 속에 싣고 온 꿈을
굽이굽이 찬란하게 펼쳐다오

바람
—브라운 카운티에서*

장성한 나무들
햇살에 웃음이 핀다
산자락 한 모퉁이
차를 세운 곳이
바로 황금자리

누가 당겨 두었나
불씨 하나
홍겨운 캠프파이어

돌아 돌아 올라가
산 정상에서 내려다 본
오색물결 춤추는 숲들의 절경
비단 방석 깔아 놓은 듯
눕고 싶은 님의 품

산 천지 온 계곡에
높바람을 숨겨두었나

가을 혼처럼
내 가슴에 스며드는
바람, 바람!

* 인디아나 주에 있음

선창(船窓)가에서

어느 맑은 낮 시간
미시간 호수 선창가에서
남편과 뷔페를 들며
일렁이는 물결에
생각을 띄운다

작은 참새들은
머리를 까딱까딱
인사를 하고
째딱째딱 몸 흔들어
재롱도 부리나

날개 죽지 아프게
먹이를 찾는 너희들도
하루하루 사는 것이
무척 힘든 것만 같다

풍성한 식탁에

빵 한 조각 주지 못한 채
무상으로 구경만 하고
돌아서는 내 마음
미안하다 새들아

5월의 알라스카

거대한 골든 프린세스의
갑판 위에서 본
검푸른 바다 잔잔한 물살은
날줄과 씨줄로 잘 짜인 무늬
햇볕에 반짝이는 은빛 속삭임에
별들의 눈물이 고인다

어깨를 맞대어 일렁이다
숨 들여 내쉬어 피로를 풀며
싱싱한 고기떼를 키우는 바다
포르르 나르는 갈매기들은
먹이 찾아 유유히 파도를 탄다

작은 섬들은
긴 여로에 지친 새들의 휴식처
내 마음도 올려놓고
잠간 쉬어간다
시인아 노래하라

아름다운 바다를

우리의 생처럼
앞만 보고 달려가는 골든 프린세스
고음의 기적 소리에 맞춰
오늘도 수평선 위에
황혼이 피고 진다

트래시 암(Tracy Arm)* 계곡의 빙하

바다 위로 나래 편 안개가
하늘의 밧줄에 당겨
서서히 올라간다

사방 둘레는 태고의 숨결 가득 찼으나
신성의 베일 벗은 신비의 바위산은
기묘하게 꿈틀거리는 조각

그 속에서
석유와 금강을 사들였다는
윌리암 스워드 국무장관의 얼굴
하늘 높이 번쩍인다

계곡의 얼음 덩어리로
바다를 메워놓고

하얀 꽃밭 속에서 숨 쉬는
빙하의 또렷한 눈동자

* 1867년 미국의 윌리암 스워드 국무장관이 소련으로부터 알라스카 주를 $720만 불에 샀다고 함. Tracy Arm은 이 주에 있는 깊은 계곡 이름이며, 관광지로 유명함.

11월의 하늘 풍경

바하마로 가는 하늘 길
창밖으로 펼쳐지는
신비로운 그 풍경에
온 천지가 스며든다.

지상은 퍼즐 안의 한 폭 그림
바둑판 같은 땅 깊은 산협에
보석 알처럼 예쁜 집들
살아 움직이는 자동차들

높이 오를수록 희미해지는
땅 위의 수채화
창공엔 무리지은 백합화가
초원에 활짝 핀 야생화 같다

하늘 높이 다다른 기체는
멈춰 선 듯 가고 있는데
바람은 노래하는 새를 부르고

온 누리를 백설로 덮은 뭉게구름들

토해도 토해도 한없는 당신의 입김
내 마음을 휘감고
흘러가는 11월의 서정 아래
바하마는 춤춘다

나이아가라 폭포

눈 어리게 맑은 하늘과
파란 강이 맞닿은 수평선

십오리 길이의 잔잔한 윗물은
별무리의 찬란한 반짝임

수 억년간 지녀온
장엄한 자태

거대한 폭포
신비의 물줄기

웅장한 굉음은
넋 잃고 내뿜는 신의 목소리

로즈 아일랜드*의 별장에서

원시림 속
통나무집으로 만든 별장에 앉았다
야자수 사이로 보이는
반짝이는 바다의 은하수
햇볕 쪼이는 하늘의 요화들로
눈이 부신다

수많은 사람 중에 그대와 내가 만나
백년이 하루 같은 이 좋은 날
저 하늘의 달과 별이 눈 맞추어 속삭이듯
금빛 추억을 노래하는 여기가
우리들의 꿈 밭이었네

* 바하마 700여 섬 중의 하나로 별장 이름.

친구
—고 박문자

한국 방문 길에
대구에서 급행열차로
서울 63빌딩서 열리는 동창회*에 갔다.
네 소식 듣고 차마 말문을 닫았다.
내가 그리도 아플 때 네 생각 절절하더니
떠난 때가 그때쯤 이었더구나
불립문자不立文字

사려 밝은 너는 인물도 좋았고
공부에 그림에 일등만 했었지
네 앞에선 남학생도 꼼짝 못했으니
지금 생각하면 진짜 여장부였어
수업이 끝나면 책 보따리 낀 채
도시락 주머니 흔들어 나비 쫓고
앞산 밑 순향이네 과수원에서
능금을 실깃 띠 먹고는,
남색빛 시큰한 이빨을
서로 내어 보이며 깔깔거렸지

어릴 적 얼굴들 꼭 한번 보고 싶다며
동창회 설립까지 해 놓더니
맏아들 결혼 앞두고 영영 가버렸구나
누가 불러 황급히 떠났느냐?
이 못난 친구야
내가 그리도 아플 때 네 생각 절절하더니
내 이름 한번만 더 불러 줄 수 있겠니?
문자야!

* 동창회 : 대구 남산 국교 제 6회 졸업생.

버태닉(Botanic)*가든에서

거대한 푸른 정원
잔잔한 바다 물결인 양
살랑이는 바람의 무늬로
부드럽게 넘실거린다
철만난 꽃들도
누가 간지럽히는지
키득키득 웃음 짓는다
기염氣焰을 내뿜는 저녁 노을 받아
타오르는 꽃밭 향기에
마음까지 취하는 낭만의 홍하紅霞
인생의 절정을 만끽하듯
보는 이들도 손에 손을 잡고
무리 지어 거닐며
꽃 따라 바람 따라
출렁인다

* 시카고 북쪽 교외에 있는 큰 식물 정원으로 수 많은 종류의 나무들과 꽃들로, 많은 관광객이 모여들며, 매년 봄부터 가을까지 개원하며 시카고 시(市)에서 관리 함

제5부
무형(無形)의 길

새해 편지

그의 손길 따라 돌고 돌아
우리들 삶도 여기 까지 왔네
세상은 이제
우리가 살던 역사의 수레에서
광채가 흐르는 푸른 새 주소로
거처를 옮겼다네

천지의 파도가 용트림하는
새 희망과 꿈을 싣고
말발굽 소리 수 만 리 길
지축을 울리며
붉은 동녘으로 달려오신 이여

질병, 고통, 전쟁을 밟고
사랑과 치유, 평화와 번영을
이 땅 위에 골고루 뿌려 주소서
새해 잎에
고개 숙인 모든 자들에게
뿌려 주소서

새해의 눈과 떡국

첫 눈이 내리는 새해 아침
떡국을 먹으면
하늘에서 내리는 하얀 축복을
온 몸에 받는다

마음에 스며드는 흰 꽃은
살아가는 이 지상의
백년 약속을 이룬다

첫 눈을 마음껏 맞아
지난해의 먼지 낀 세상을
더 맑고 더 밝게

눈과 떡국의 기氣는
세상의 고뇌를 이기는
활력소의 원천이 된다

어떤 소년 가장

억울하게 아빠 잃고
엄마마저 집 떠나
어린 형제 기댈 곳은 고아원
크면서도 가난에 누명 써
매 맞고 들락날락 소년원 신세

먹구름 덮친 나날들
솟구치고 가라앉으며
험한 세상 파도를 탔다
착하게 살려 몸부림 쳐도
불량한 큰 손들의 입김에
모진 목숨 연명하는
질긴 잔디 같은 소년 가장

옆길로 빠지며 환경을 탓하는
철없는 아이들아
부모 사랑 받으며
더운 밥 먹을 수 있음을

감사히 여겨
배움을 천직으로 알아라
너희들의 놀이터는 학교며
장난감은 책과 연필이다

어떤 소년 가장이
뜨거운 눈물 흘리며
부러워하는 대상은
바로 너희들이다

하늘은 스스로 돕는 자를
돕는단다

로봇 클리너

코드의 열기로 힘을 얻으면

즐겁게 노래 부른다

춤추듯 돌고 돌아

카펫의 먼지를 다 빨아 삼킨다

현대문명의 이기利器로 태어나

바쁜 생활인들의 효자인양

인기를 누리니

누구의 환상으로 태어 났는가

나의 애기愛器 로봇이여!

님의 기도

삼십대의 청청한 소나무가
골고다 언덕에서
쓰러지던 날
하늘도 까맣게 울었습니다

피땀 드린 기도는
우리들 뼈 속에
젖어 든 눈물이 되었습니다

사랑과 용서의 본체인 님은
구원의 뜻 이루려
희생의 핏방울을
온 누리에 뿌렸습니다

지금도

생명 주신 거룩한 님은
산과 내를 아름답게 꾸미신다

꽃과 새와 미물까지도 사랑 주니
구도의 길이 여기 있구나

십자가 지고 지금도 지구를 돌며
이렇게 아름다운 세상 끌고 가신다

밤 별

반짝이는 눈망울은

촛불 같고

불타는 심지는

하늘의 영혼이려니

꿈속의 찬가로

영원히 이어지리

서설(瑞雪)

모두를 축복하듯 서설이 내린다

혹독한 찬 겨울에 눈 꽃이 핀다

소나무 가지 덮은 눈송이

한 폭 포근한 눈사람이 된다

순결을 담은 채로 반짝이는 눈빛

고뇌를 씻고 고운 축가로 퍼진다

팟홀(Pothole)*

아침부터
하늘 곡간의 함박눈이
앞 다투어 내린다
아름다운 이 세상 구경하려고

맨해튼으로 만발한 눈은
차바퀴의 숨결을 타고
짠 흙탕물을 숨 가쁘게 파고든다
도로는 군데군데 검버섯 피워
파인 구멍엔 바퀴가 상처를 입는다

인생도 힘든 세상의 바퀴에 짓눌려
때론 흠집 내고, 후회하며, 용서한다
사람들이 안팎을 다듬고 가꾸듯이
길의 성형은 우리 삶의 모습이다

* 팟홀 : 눈 온 뒤에 제설작업으로 소금을 뿌려 도로가 갈라지고 파여 구멍이 생긴 것.

눈 길(White Pass)*

꾸부렁한 비탈길 기어 오르니
온 산 계곡은 눈으로 단장한 우주
미국과 캐나다를 잇는 산 정상에
신비의 구름 바다를 이루고
왕궁과 선녀, 토끼도 그려 놓았네

싱싱 윙윙 싱윙싱윙 싱싱
귀를 떨게 하는
소리
소리
바람소리, 눈 소리, 하늘 소리
일 년 내내 눈 쌓인 흰 세상
시기 질투 없는
새하얀 마음뿐이네

* White Pass : 영어명이며 눈길은 저자가 붙인 길 이름임을 밝혀두며, 미국 알래스카와 캐나다의 국경선을 잇는 산 정상에 많은 눈이 쌓인 길 이름.

오리무중(五里霧中)

잠도 나이 든 사람을 피해 가는가
생각의 창고가 있는 대로 열리고
불면의 어두움엔 으시시 찬바람 분다

하나 둘 셋… 천을 헤아려도
칠흑의 가루를 수면제처럼 먹어도
뇌신경 세포는 나래를 접을 줄 몰라

사진 속 손자·녀들과 눈도 맞추고
불을 켰다 껐다 앉았다 섰다
책을 읽다 덮다 기도까지 반복해도
청하면 청할수록 눈망울만 또렷하다

화장실을 들락날락
스트레스가 있는 대로 다 쌓이는
이런 밤이면
나도 나를 찾지 못해
오리무중을 헤맨다

겨울 호수·1

해질녘 작은 호숫가에 앉아
어린 시절
정담어린 마을 연못을 다시 본다
햇귀가 중천에 오르면
아이들은 집에서 만든 스케이트를
보물인양 끼고 그곳으로 갔다
중간 중간 솟은 검불들도
기다리고 있었다
타다가 넘어져도 손 틀고 일어나
배가 쫄쫄 고플 때 까지
집에 가지 않았다
종내는 장갑 낀 손바닥마저
벌겋게 열이 올랐다
빨간 루돌프 코에
눈물이 뒤범벅되어도
손을 호호 불며 뽀얀 입김을
하늘에 날리는 서정이 있었다
다시 한 번 그 시절로 돌아 갈 수 있다면
모닥불 피워놓고 밤새도록 기다려보리

겨울 호수·2

햇살에 빛나는 티 없는 얼음 얼굴
반짝 반짝 눈이 부신다
거울에 비치는 매끈한 몸매 따라
노니는 고기떼는 즐겁기만 하겠구나
겨울의 얼음 호수에 잠기는
내 마음 깊어라

눈 속에 핀 수선화

소금버캐 언덕으로 쌓인 눈
녹은 것이 어저께였는데
뒤뜰 화단 양지쪽에
여리고 작은 수선화 한 포기
마침내 노랑 봉오리 열었다
아, 네가 어찌 그 속에서…?
반갑고 신기해 탄성이 절로 나왔다

다음날 느닷없이 봄눈 또 오더니
연 이틀 밤낮으로 더 내렸다
안쓰러운 마음에 문 열고 나가보니
하얀 솜 바구니를 뒤집어쓰고
애처롭게 웅크리고 있었다

춘분 아침 눈이 그쳐서
다시 나가보니, 민개 되이
더 밝게 웃으며 고개를 살랑 살랑
흔들고 있지 않는가.

어쩌면 이를 수가
살아 꽃까지 피우다니 정말 고맙구나.

사람이 이틀 계속 밤낮으로 오는
솜덩이 눈을 맞고
밖에 서 있었다면…?
아, 외유내강의 숭고한 수선화

무형(無形)의 길

하늘 공간으로
떠다니는 글
수많은 얼굴들이
얽히지도 부딪치지도
않는다

버튼을 누르면
이 세상 어디서나
명멸明滅하는 별이 되어
뉴스를 전해 주는데
이승과 저승의 연락은?

한치 앞을 모르는 우리
생과 사의 코드를
맞추지 못해 몸부림 친다

지나간 비행로처럼
흔적도 없이

오늘도 너는 무형의 길을
열심히 가고 있구나

소나무*

농무濃霧깔린 적막산중에
아스라한 하늘 벗 삼아
지층을 흔들어 내린
침묵의 뿌리
깊은 수액 길어 올려
여린 가지 보살펴 준다

가객佳客의 발길 드문 한여름
작열하는 불볕에
괴로움도 삭이고
바람세 지켜온 심야의 설한雪寒
늘 품고 싶은 고고함, 그 청청함
붓끝 다라 피어나는 짙은 솔 향
내 마음에 자라는 고향의 소나무

* 묵미회 한독 그림 전시회에 저자의 소나무 그림과 함께 출품한 시(詩)

흰 비 내리는 저녁

혹한의 바람이 불고
가는 눈발
흰 비로 내리는 저녁
낡은 가방 메고 가는
중년의 동양 남자
어깨처진 쓸쓸한 뒷모습
어디로 가나 걸어서 차도 없이,
사선으로 내리는 눈
쉬지 않고 오고 또 오네
불빛은 여기저기
희망처럼 솟아나도
가난의 어둠은 짙어만 가는데
얼마나 더 가야 하나
이방인의 귀가길

더 즐겁고 아름다운 삶을 위한 시

— 김경호의 시세계

임헌영(문학평론가)

1. 언어의 보석을 하늘에 매달아 별이 되고픈 시

"삶을 더 즐겁고 아름답게 하기 위해 노래를 부르며, 그림을 그리고 시를 쓰기도 한다."고 김경호 시인은 〈시인의 말〉에서 실토한다. 누구의 삶인들 시련과 고뇌와 고통이 없으랴만 삶의 충만은 눈물이나 한탄으로는 행복을 쟁취할 수가 없다. 그래서 롱펠로는 〈인생 찬가(A psalm of life)〉에서 "인생은 진실이다! 인생은 진지하다! / 무덤이 그 종말이 될 수는 없다.(Life is real! life is earnest! / And the grave is not its goal)"고 열렬하게 생을 찬미했다.

김경호 시인은 "세상엔 수많은 길이 있다."면서 그 길을 "목적이 있는 길이 있는가 하면, 끝이 보이지 않는 길도 무수히 많다. 많은 언어와 그림이, 컴퓨터나 전화기 속을 또 팩스가 세계 곳곳으로 날아다니지만, 서로 부딪치지도 않는다. 무형의 길을 잘도 찾아서 간다."(〈시인의 말〉)고 세상살이를 길에다 비유한다.

롱펠로 역시 진지한 인생살이의 길을 이렇게 노래

한다 — "우리가 가야 할 곳, 또는 가는 길은 / 향락도 아니요, 슬픔도 아니다. / 저마다 내일이 오늘보다 낫도록 / 행동하는 그것이 목적이요 길이다.(Not enjoyment, and not sorrow, / Is our destin'd end or way; / But to act, that each to-morrow / Find us farther than to-day.)"

김경호 시인은 인생과 시의 길을 일체화시켜 아래와 같이 축약해준다.

> 나도 이 길을 나서 본다. 보이지 않는 시(詩)의 길을 찾기 위해, 숲으로 들어가 바람이 되고, 바다를 따라가 고기도 되어 본다. 점점 더 깊이 파고 들어가, 주옥같은 시어들을 찾아야 하기 때문이다.
>
> 이 보석들을 하늘의 나무에 매달아, 별빛처럼 반짝이게 한다 해도, 이승과 저승의 연락은 불가능하다.
>
> 이것이 한 치 앞을 모르는 채, 살아있는 우리 모두의 길이며, 무형의 길을 가고 있는 시인의 길이자, 시의 길이기도 하다.
>
> — 시인의 말중에

시란 삶 그 자체인데, 김 시인에게는 허다한 많은 길을 두루 걸으면서도 이제 걷지 않았던 새로운 또 하나의 길로 시의 길을 선택하는 변을 이렇게 정리해준

셈이다. 그녀에게 시란 주옥같은 언어의 보석을 하늘나무에 매달아 모든 사람들이 쳐다보며 자신의 삶을 되새김질할 수 있도록 만들어주는 별이 되기를 소망하는 것이지만 그렇게 한다 한들 역시 "이승과 저승"의 연락은 불가능하다는 한계에 부딪치게 된다는 결론에 이르게 된다. 바로 시인 자신의 신앙관이자 인생의 한계와 그 한계 안에서의 삶을 노래하는 시의 영역을 구분 짓는 시인의 변이라 하겠다.

길과 길을, 사람과 사람을, 사람과 길을, 사람과 자연을 이어 줄 반짝이는 별 같은 언어로서의 시를 추구하는 이 시인에게 시심이란 보들레르가 만물조응(萬物照應, Correspondances)이라고 애매하게 규정한 교감의 세계를 향한 삶의 자세를 엿보게 한다. 시란 바로 만물과의 교감에 다름 아니지 않는가. 교감은 모든 예술의 만국 공용어이다. 그래서 이 시인은 시보다 먼저 그림을 통해 교감의 세계로 침잠해 들어갔다.

"그림은 한 떨기 마음의 꽃 / 풍요로운 정신의 율동 / 하늘의 정기를 지상에 그리는 / 미묘함이 손끝에 닿았네"라는 화가 김경호는 그 세계를 이렇게 노래한다.

한없는 상상의 공간 속에
그대만이 만들 수 있는 색깔들
그 조화는 우리 삶의 결

깊고 화려한 예지를
한 폭의 구도 속에 담으면
구름이 흘러가고
바람도 지나가고
인생도 머물다 가네

— 그림 그리는 자

공간예술로서의 그림을 언어예술인 시가 담아낸 이 작품은 만물조응의 예술 전반이 지닌 인간의 오묘한 영혼의 순례를 감지토록 해준다.

2. 깊은 수액 길어 올려 여린 가지 보살펴 주는 솔뿌리

김경호(허경호)시인은 롱펠로의 〈인생 찬가〉에 어울릴 만큼 열렬하게 자신의 삶을 잘 보듬어 온 미주 문학인의 한 전형이 될 수 있다. 대구에서 출생한 그녀는 계명대 간호대학과 영남대 영문과 및 대구대 사회사업학과를 거쳐 경북대 교육대학원을 졸업했다. 이 다채로운 학력은 김 시인이 지닌 삶의 치열함을 반영하는데, 그 후속 인생 역시 이에 뒤지지 않는다. 미국 간호협회장 초청(1964년)으로 미 병원에서 2년간 수련한 뒤 계명대 간호대학 교수 및 교학처장을 지낸 그녀는 미국으로 이민, 공인등록 간호사

(registered nurse)로 활동하다가 무역 도매업에 투신했다. 이런 경력의 소유자는 어쩌면 모든 예술장르에서 두루 그 재능을 발휘하기 마련인데, 아니나 다를까, 김경호 시인 역시 이미 미술에 짧지 않은 세월을 투신해 오다가 시에 자신의 만년을 침잠시키게 되었다.

이런 삶을 그녀는 〈견고한 집〉이란 술어로 축약해 표현한다. "평생 다져놓은 마음의 터전 위에 / 견고한 집을 짓는다 / 반듯한 돌과 희망의 재료들로 / 쌓아 올리고 또 쌓아 올린다 / 간혹 세상 비바람 불어닥치면 / 쓰러지고 무너지기도 한다 / 그래도 계속 좋은 시의 집을 짓는다"(견고한 집〉)는 고백 속에서 우리는 이 시인의 지난 어린 시절의 가난과 그로 말미암은 고생, 미주 이민 이후의 온갖 풍상들이 압축되어 있음을 감지할 수 있다.

영혼이 있다는 건 살아 있다는 것
기쁨과 슬픔이 없다면 죽은 목숨일 뿐
때때로 흐르는 눈물은 마음의 씨앗
그 속에서 피는 꽃은 생의 알맹이
잘 다져 지은 집 빛나게 색칠한다
사람 냄새 피우고 샘수가 솟는

— 견고한 집

"기쁨과 슬픔이 없다면 죽은 목숨"이라는 구절에서 시인의 도전의식을 느낀다. 이 도전과 응전의 삶의 연속선상에서 지은 그녀의 집은 육신의 안식처에 그치는 것이 아니라 영혼의 도량(道場)이기도 해서 시의 신전을 이루게 된다. 김 시인에게 시의 신전을 이루는 지층(地層)에는 "농무(濃霧)깔린 적막산중에 / 아스라한 하늘 벗 삼아 / 지층을 흔들어 내린 / 침묵의 뿌리"가 있다. 바로 '묵미회 합동 그림 전시회에 저자의 소나무 그림과 함께 출품한 시'인 〈소나무〉다. 이 시인의 호가 '송하(松夏)'임을 상기하면 이 시가 지닌 의미의 심층구조는 이내 상상이 될 법하다. 아니 소나무에게는 겨울도 긴장이요 삶의 연속이 아닌가. 시(예술)란, 시인(예술가)이란 이 세상에서 어떤 존재인가를 이 작품은 직설적으로 일러준다. "지층을 흔들어 내린 / 침묵의 뿌리"가 시인일진대, 시인이란 두 가지 역할을 해내게 된다.

(1) 깊은 수액 길어 올려
여린 가지 보살펴 준다

(2) 가객(佳客)의 발길 드문 한여름
작열하는 불볕에
괴로움도 삭이고

— 소나무

(1)이 세상의 배고픔(영혼의 배고픔도 포함)에 대한 배려라면 (2)는 위안의 기능을 상정한다. 즉 앞의 것이 인도주의적인 자비의 세계, 사랑의 베풀기라면 두의 것은 행복과 위안의 문학인 셈이다. 그림과 시가 소나무로 만나 이뤄진 이 작품은 바로 김경호 시인의 예술관을 집약시킨 작품에 다름 아니다.

그런데 이 시의 무대는 "바람세 지켜온 심야의 설한(雪寒) / 늘 품고 싶은 고고함, 그 청청함 / 붓끝 따라 피어나는 짙은 솔 향 / 내 마음에 자라는 고향의 소나무"에서 보듯이 고향의 심상(心象)에서 유래한다.

3. 제2의 고향 시카고에서의 삶

고향 떠난 지가 언제인데 라고 할 테지만 도작문화권(稻作文化圈) 출신인 우리 겨레는 누구든 언제 어디서고 고향이라면 깜빡 죽는다. 김경호 시인에게 고향이란 이 '소나무'처럼 삶과 예술의 원형질로 그대로 살아 성장하는 기억의 신성불가침이다. 그래서 〈애동호박〉조차도 그냥 단순한 반찬에 그지는 게 아니라 "삼베적삼 그 찝찔한 땀 냄새마저도 / 까마득한 그리움으로 남아", "애동호박의 눈물이듯 끈적한 정 /

오늘도 내 가슴을 적시네"라는 농경민족의 한으로 승화되어 재등장한다.

애동호박을 따본 사람은 알리라
꼭지마다 맑은
눈물방울이 맺혀있는 것을
생명 있는 모든 것은
죽음을 알고 슬퍼한다면서
엄마는 항상 애처로워 하셨지
어린 시절 십리길 학교 갔다
잔뜩 처진 어깨로 들어서면
집 뒤 둔덕의 어린 호박 얼른 따다
참기름 살짝 두르고 대글대글 볶아 주셨다
따뜻한 흰밥에 쓱쓱 비벼먹고 나면
온 세상 다 얻은 듯 생기가 돌았지

— 애동호박

이렇게 순박하던 애동호박 인간이 미주생활 속에서 변모해가는 모습을 시인은 작품 〈수난〉으로 승화시켜 준다.

"옛날 집 마당은 비가 오면 / 지렁이를 입 밖으로 토해 냈다 / 알몸으로 기어 다니면서 / 무늬를 그리며 잘도 놀았지"라며 그 약간은 징그러운 풍경을 떠올린

시인은 이내 아스팔트문화로 바뀌버린 세태를 아래와 같이 안쓰러워한다.

고층 건물에 몸이 찢기고
길은 콘크리트에 덮여
제대로 숨을 쉬지 못하는 오늘

흙을 밟지 못하는 아이들도
홍역을 하듯
아토피에 시달린다

이브의 화신인 뱀처럼
기어 다니는 그 움직임을
다시는 볼 수도 없네

급속도로 발전하는 문명 속
숨 막히는 내 삶의 안과 밖도
너처럼 맥없이 찢겨져 버렸네

— 수난

그래서 대구 지역의 농경문화가 시카고에서의 아스팔트문화로 변모해버린 김경호의 시에서는 이민자로서는 비록 성공적인 삶일지라도 이방인으로서의 고뇌가 묻어난다.

미국, 그 중 시카고란 1880년대부터 미 중서부에서 바람을 일으킨 건축가와 기술자 그룹들, 윌리엄 제니(William Le Baron Jenney), 다니엘 버넘(Daniel Hudson Burnham), 존 루트(John Root), 당크마르 애들러(Dankmar Adler), 루이스 설리번(Louis Henry Sullivan) 등이 단숨에 시카고를 현대적인 건축물로 바꾼 도시이자, 20세기 초엽에는 에드가 매스터스(Edgar Lee Masters), 칼 샌드버그(Carl Sandburg), 니콜라스 V. 린지(Nicholas V. Lindsay) 등 시인과, 테오도르 드라이저(Theodore Dreiser), 셔우드 앤더슨(Sherwood Anderson), 플로이드 델(Floyd Dell) 등 작가들이 시카고그룹(Chicago group)이란 유대로 맹활약했던 도시로 올챙이 기자였던 어니스트 헤밍웨이(Ernest Miller Hemingway)에게 문학수업을 시킨 도시가 아닌가.

어디 그뿐이랴. 알 카포네(Alphonse Gabriel Capone)의 시카코 아웃핏(Chicago Outfit)에다 신자유주의 경제학의 상징인 시카고학파(Chicago School)까지 아우르면 시카고는 현대 세계자본주의의 중심축의 한 연결 고리이다.

여기에 터전을 잡은 김경호 시인은 행운이자 축복인 동시에 거대한 미주대륙 문화 속에서도 소수자 문화를 향유하는 예술적 감성을 유독 강하게 지니게 된다.

"고향이 바다가 아니라지? / 맑은 공기 깊은 물도 개의치 않고 / 갇혀서 유영하는 너희들의 / 사심 없는 동심을 본다"는 시 〈어항 속의 금붕어〉는 "큰물에 뛰놀면 / 누가 눈길 주랴 만 / 바라보는 내 마음도 / 사랑으로 찰랑인다"고 노래하는데, 이건 바로 미주 문화예술의 대양보다는 차라리 작은 어항 속에서 자적하는 소수문화의 처지를 상징하는 듯이 읽힌다.

많은 친구 없어도
뜻 맞는 벗 하나면 족하지
꿈에 젖어 정에 젖어
귀엽게 귀엽게 놀려무나

— 어항 속의 금붕어

그래서 김경호 시인은 시카고에서의 삶을 "이민자들이 쥔 / 각자의 가방 속에 / 자식들의 꿈을 실었다 / 풍요한 미지의 / 위대한 포부를 안고 / 여기 왔다"(가방 속의 꿈〉)고 노래한다.

제 2의 고향 시카고서
반낫 안 기리고 기틀 잡아
강산이 세 번 변하고서야
겨우 찾은 안정

새 포기가 뿌리 내려
잘 자라도록 보살펴 주었지만
아직도 갈 길이 멀구나
우리 뜻 이룰 날이
머잖아 곧 오겠지

사랑하는 아들 딸들아
명석한 두뇌로 앞날을 헤쳐나가
이민 가방 속에 싣고 온 꿈을
굽이굽이 찬란하게 펼쳐다오

— 가방 속의 꿈

아직도 갈 길이 멀다는 구절에서 지난날 이민자들의 고통이 겹쳐진다. 자연도, 계절도 이주민에게는 낯설면서도 롱펠로의 찬가처럼 새로운 약동의 감격을 전해준다. 〈시카고의 봄날〉, 〈바람 — 브라운 카운티에서〉, 〈버태닉(Botanic)가든에서〉, 〈선창(船窓) 가에서〉, 〈팟홀(Pothole)〉, 〈겨울 호수〉 연작, 〈흰 비 내리는 저녁〉 등이 시카고에서의 삶의 편린들을 읊었다면 〈나이아가라 폭포〉, 〈5월의 알라스카〉, 〈트래시 암(Tracy Arm)계곡의 빙하〉, 〈눈 길(White Pass)〉, 〈11월의 하늘 풍경〉, 〈로즈 아일랜드의 별장에서〉 등은 미주 및 그 일대 지역에서의 시인의 체험

이나 여행기를 다룬 소품들이다.

〈어제와 오늘이 다르듯이〉, 〈숲속의 향연〉, 〈바람이 나를 불러〉, 〈새 한 마리〉, 〈녹색 지대를 지나며〉, 〈스프링클러〉, 〈수박〉, 〈수국〉, 〈구름〉, 〈소낙비〉, 〈바람과 단풍 사이〉, 〈청포도 한 알〉, 〈눈 속에 핀 수선화〉, 〈비〉 연작은 자연을 노래한 작품으로 그림과 동시에 감상하면 더욱 돋보일 것이다.

이 밖에도 〈고통, 그 아름다움〉, 〈홀로 길을 걸으며〉, 〈사우(思友)〉, 〈낙엽의 눈물〉, 〈감사절에〉, 〈새해의 눈과 떡국〉, 〈오리무중(五里霧中)〉, 〈로봇 클리너〉 일상생활 속의 서정을 노래한 시들 역시 김경호 시인의 삶의 환희와 서정이 담긴 작품들로 분류할 수 있다.

김경호 시인은 이처럼 생의 찬가를 그림과 시를 통한 자신의 길 찾기로 대입시켜 고향과 모국을 향한 향수에다 이국에서의 소수자로서의 삶, 그 외로움 속에서나마 우주 삼라만상과의 만물조응을 통한 교감, 신앙과 인간애에 대한 신뢰 등을 담담하게 노래해주고 있다.

이제 이 시집은 김 시인에게 첫 걸음마이다. 이를 계기로 보다 원숙한 시세계를 열어갈 것을 기대한다.